CONSPIRATION

DE 1820.

IMPRIMERIE DE BRASSEUR AINÉ,

Rue Dauphine, n°. 36.

CONSPIRATION

DE 1820.

PRÉCIS HISTORIQUE

ET RÉFLEXIONS;

Par D. V. C.

PARIS.

CHEZ LES MARCHANDS DE NOUVEAUTÉS.

30 AOUT 1820.

CONSPIRATION

DE 1820.

L'HYDRE des révolutions n'est pas entièrement anéantie, elle vient de relever encore une fois sa tête menaçante.... La France a été menacée de nouveau des fureurs d'une anarchie d'autant plus dangereuse que l'on commençait à goûter les charmes d'une paix après laquelle la patrie avait si long-temps soupiré.

Mais l'œil vigilant du Gouvernement veillait sur le repos et le bonheur des citoyens....Et l'on apprit en même-temps, et le danger qui avait menacé la France et l'arrestation des perturbateurs.... Grâces soient rendues à ceux qui nous ont préservé des horreurs d'un second 13 février.... La patrie les remercie.... Quelle récompense est au-dessus de celle-là....

Tous les yeux des français se fixent avec anxiété sur la Capitale; partout, dans les départemens, un cri d'indignation s'est élevé contre les auteurs d'un projet qui ne tendait rien moins qu'à nous replonger dans les horreurs d'une guerre civile, dont nous avons eu tant de peine à sortir ; partout les journaux sont réclamés avec empressement, et leur briéveté contrarie ; on aimerait à connaître jusqu'aux moindres détails de cette nouvelle machination ; et les noms obscurs jusqu'alors des coupables, en acquérant une triste célébrité, font désirer quelques renseignemens sur leur existence passée, sur les motifs qui leur ont suscité un pareil dessein, et les agens qui, cachés dans l'ombre, méditaient la révolte, le meurtre et l'incendie.

Quand donc, partisans nouveaux d'une famille, dont naguères vous avez tant de fois maudit le despotisme, quand donc permettrez-vous à la France de cicatriser les plaies que cette famille lui a faites..... quand donc consentirez-vous à laisser croître les lys à l'ombre du paisible olivier.... Eh quoi, la justice du ciel qui s'est tant de fois montrée depuis 5 ans, en ne permettant pas que les destinées d'une grande nation dépendissent d'un Carbonneau, d'un Pleignier, d'un Didier, d'un Louvel, cette justice qui frappe le criminel au moment où il porte la main au fer meurtrier, cette justice ne vous arrête pas....

Dans votre folle ivresse, vous pensez qu'une

poignée de bras armés, en cheminant dans l'ombre, pourra pénétrer dans l'antique palais des Rois, pour y porter le fer et la flamme : croyez-vous que vos sentimens soient partagés par la nation?... Le vrai Français sait mourir pour son Prince et pour sa patrie..... Et vous voulez assassiner l'un, pour livrer l'autre au carnage et à la dévastation.... Osez maintenant vous dire français, vous qui aiguisez vos poignards en silence, et allumez vos torches incendiaires, en proclamant le nom chéri de la liberté.

La liberté! vous la deshonorez, et vous prétendez la servir...La liberté arme seule votre bras, dites-vous... Et vous voulez placer à la tête d'une nation grande et généreuse, la famille la plus despote qui ait jamais donné des lois à notre patrie.... Cessez de prononcer ce nom que souille votre bouche....; laissez tomber tout-à-fait le masque dont vous cherchez à vous couvrir....; on vous devine sous le voile dont vous cherchez à vous envelopper.... Vous regrettez ce temps heureux, où l'ordre du sabre accaparait tous les grades et tous les honneurs; ce temps, où le militaire était tout, et le magistrat rien; ce temps, où celui qui portait un glaive à son côté regardait d'un air dédaigneux ceux qui font l'orgueil du barreau, de la médecine et du théâtre.

Vous le regrettez.... et vous cherchez à le ramener.... Vains efforts....vos vœux comme vos
crimes serons superflus...Le peuple est trop éclairé
pour que vingt-cinq millions de citoyens puissent jamais rentrer sous la domination de cent
mille baïonnettes.....

Loin de moi la pensée de dire le moindre mot
injurieux à ces braves, qui ont pendant vingt
ans versé leur sang partout où leur chef les a
trainés à sa suite. Ce sang, ils l'ont versé glo-
rieusement pour la patrie.... et maintenant que
la paix, leur a procuré le repos nécessaire après
tant de fatigues, ils se sont ralliés autour du
trône....; ils ont juré de le maintenir pour le
bonheur de la France ..; ils l'ont juré, ils sont
Français, la patrie a reçu leur serment : ils le
tiendront....

Je ne parle qu'à cette poignée de factieux qui,
regrettant de n'avoir plus à verser le sang ennemi,
et ne pouvant renoncer à ce plaisir cruel, tournent aujourd'hui contre le Prince et la nation
le glaive qu'ils ont reçus pour les défendre tous
deux...; je parle à ces hommes, rebut de la so-
ciété, qui, rejettés de son sein, ne rêvent que
vengeance, et veulent la punir de les avoir traités
comme ils le méritaient.... Ces hommes-là font
bande à part chez toutes les nations, ils n'appar-

tiennent à aucun pays civilisé : et les barbares qui peuplent les forêts africaines en voudraient à peine pour leurs frères....

Dans tous les complots qui déchirent tour-à-tour le sein de notre belle patrie, on est sûr de les rencontrer.... Ils sont encore plus méprisables que criminels.... Ce ne sont pas de ces hommes qui, égarés par un moment d'effervescence, s'écartent tout-à-coup du sentier du devoir, et tournent contre la patrie, les dons brillans dont la nature les a doués : ce sont de ces êtres obscurs qui se sont traînés honteusement depuis 30 ans dans la fange des révolutions... Conspirateurs sous le directoire, conspirateurs sous le consultat, conspirateurs sous Bonaparte, ils conspirent aujourd'hui contre les Bourbons.... Sans aucun mérite, sans avoir rien fait pour la France, et sans vouloir même rien faire pour elle, ils veulent sortir de la fange où ils sont plongés.., ils veulent des dignités, et leur langage est anti-français; des honneurs, et ils savent à peine signer leur nom...N'importe, ils conspireront jusqu'à ce qu'ils soient parvenus. Et si celui qu'ils placeraient sur le trône aujourd'hui ne consentait pas à prostituer les grades en leur faveur, demain ils conspireraient encore.

Voilà le portrait de la majeure partie des hommes qui viennent de tenter un nouveau complot de haute-trahison.... Il en est cependant parmi eux, quelques-uns, qui ne manquent pas de mérite, et qui sont plus malheureux que coupables.... L'homme est faible, et un faux pas est si-tôt fait.... Ceux-là, un bon Français doit les plaindre. Mieux dirigés, ils eussent eu des droits à la reconnaissance de la nation, tandis qu'à présent ils n'entendent plus résonner à leurs oreilles que des cris de reproche et d'indignation....: ils sont assez malheureux, n'insultons pas à leur douleur. .

Paris, depuis deux mois, jouissait de la plus profonde tranquillité ; avec les débats de la Chambre des Députés, avait cessé cette effervescence que l'on s'était vainement efforcé de propager dans les départemens. la paix la plus profonde, et le temps le plus favorable, permettaient au laborieux artisan, au magistrat, et à l'homme de lettres, d'aller prendre part aux fêtes champêtres qui se succèdent autour de la Capitale, pendant tout le cours de la belle saison....

La fête de notre Auguste Monarque s'approchait ; avant elle, la fête de Vincennes, qui après celle de St.-Cloud, réunit la plus grande quantité de Parisiens, allait s'ouvrir le dimanche 20 août ; on était au samedi 19, et chacun s'occupait tranquillement des petits préparatifs que nécessitait une fête où se rend ordinairement l'élite des nobles, des bourgeois et des artisans de la Capitale....

La soirée s'était passée dans ces petits détails, la nuit s'avançait, minuit avait sonné, et la majeure partie des habitans de Paris s'était livrée au sommeil, bercée par l'espoir des plaisirs du lendemain, et bien persuadée que chacun dans la Capitale, en ferait ou ne tarderait pas à en faire autant.

L'homme sage et laborieux dormait ; l'homme de lettres allait quitter son travail nocturne, pour suivre son exemple ; les petits commerces de nuit étaient en activité.... Mais des conspirateurs veillaient... ils veillaient, et leurs méditations appelaient le fer et la flamme sur Paris.... Heureusement que non loin d'eux veillaient aussi des hommes dévoués au Prince et à la patrie!...

Sans ces hommes généreux, quel réveil attendait les Parisiens... : on eut vu se renouveler ces grands, ces terribles désastres, dont l'histoire fournit de si déplorables exemples...L'incendie qu'ils se proposaient d'allumer aux extrémité de la Capitale, eut pu se propager avec rapidité, et.... la plume tombe à de semblables récits...Qui croirait que de semblables pensées aient pu germer dans les cœurs qui se disent français, et qui sont revêtus du titre et de l'habit honorable de défenseurs de la patrie!...

Tel était le sort qui menaçait la Capitale, si les ombres de la nuit avaient été assez épaisses pour dérober les projets du crime aux yeux des hommes chargés de le découvrir, de le surveiller, et de lui arracher les armes qu'il oserait tourner contre le sein de celle qui l'a nourri et qui le nourrit encore...

Ces hommes-là ne dormaient pas non plus.... ils veillaient... et Paris échappa une nouvelle fois au heurtement des factions, et aux fureurs d'un parti qui n'a jamais fait preuve d'indulgence que pour ses fautes, et de modération que pour les crimes qu'il commet ou fait commettre par ses partisans.

Depuis long-temps l'attention du ministère était fixée sur une foule d'hommes et de militaires obscurs, qui, tantôt par des paroles outrageantes envers les Bourbons, tantôt par des refreins séditieux et des discours anti-français, avaient laissé échapper le secret de leur pensée, et dévoilé la haine et le mécontentement dont leurs cœurs étaient dévorés... Des émissaires du Gouvernement les observaient à leur insu, et tout en les surveillant avec beaucoup de soin, fermaient les yeux sur les propos outrageans qui leur échap-

paient , tant qu'ils se bornèrent à des paroles se-
crètes , et qui ne pouvaient pas troubler la
tranquillité publique, si désirable et si précieuse à
conserver après tant de troubles et d'agitations...

Mais enfin , ils n'en restèrent pas là...

Il paraît que la non réussite des projets , qui
éclatèrent d'une manière si bruyante , sur les
places et boulevards du Nord , lors de l'adoption
du nouveau projet de loi relatif aux élections,
fut la première étincelle qui réveilla l'esprit de
révolte , qui n'était qu'assoupi chez les membres
de la conspiration...

Le principal foyer de la conjuration résidait dans
les officiers de la légion de la Meurthe , qui se
sont trouvés compromis , en grand nombre , dans
cette affaire.

Les officiers et sous-officiers de cette légion
prenaient , tous les jours , leur déjeûner et leur
dîner dans deux salles particulières , chez Hugot ,
marchand de vin-traiteur , rue Rochechouart , à
l'enseigne du Caprice des Dames...

Il paraît qu'à l'issue du dîner , ceux de ces
militaires qui faisaient partie du complot, se ré-
unissaient dans un estaminet, rue Montmartre, où
l'on passait en revue les moyens les plus sûrs et les
plus prompts à assurer la réussite de leurs projets.

Aucun officier supérieur , si ce n'est un lieutenant - colonel , ne paraît jusqu'alors avoir été initié dans le secret de la conspiration , et le plus haut grade des conspirateurs était celui de capitaine...

Aux officiers de la légion de la Meurthe se joignaient quelques officiers d'autres légions , et notamment sept officiers du deuxième régiment de la garde royale...... ce que l'on ne peut apprendre sans se rappeler avec douleur que ce deuxième régiment était celui de l'armée où l'on portait le plus d'amour au Roi et à son auguste famille... Aussi , les officiers non coupables de ce régiment , à la nouvelle de la trahison de leurs camarades , témoignèrent-ils la plus vive indignation contre les traîtres dont la conduite compromettait tant de braves dévoués au prince et à la patrie...

Cette trahison était la suite des efforts que l'on faisait depuis longtemps pour séduire et détourner, des devoirs les plus sacrés, les différens officiers en garnison dans Paris, et même ceux qui, rangés parmi les braves de la garde royale, devaient, en conséquence, être encore plus attachés au trône que les agitateurs osaient espérer de renverser...

Le nombre des conjurés se montait, d'après les renseignemens qui sont parvenus jusqu'ici , à une trentaine d'officiers et sous-officiers.

Ceux qui se distinguaient le plus dans cette séditieuse association, sont :

Un nommé Dequevauvilliers, qui était passé de la garde de Murat dans les troupes françaises, et se trouvait, à l'époque de la conspiration, capitaine dans la légion du Nord ;

Le nommé Pilote, capitaine dans la légion de la Meurthe. Cet homme, auquel on reconnaît beaucoup de moyens, et surtout de moyens oratoires, était fort considéré des membres de la conspiration, et avait été nommé à-la-fois, par les conspirateurs, président du club de la rue Montmartre, et trésorier de la conspiration.

On remarquait aussi parmi les séditieux, les sept officiers du 2ᵉ. régiment de la garde royale, au nombre desquels se trouvaient des hommes qui devaient leur avancement, et la croix qui brillait à leur boutonnière, à l'un de ces Bourbons qu'ils voulaient assassiner : à S. A. R. Monseigneur le duc d'Angoulême...

Un de ces hommes, que les bienfaits mêmes ne peuvent enchaîner, et pour qui la reconnaissance n'est qu'un pesant fardeau ou un mot vuide de sens, ne subsistait depuis long-temps, lui et sa mère, qu'au moyen d'une pension qu'il tenait de la générosité du frère du Roi.

On cite encore, parmi ces officiers, le chef de bataillon Trogoff, neveu d'un aide-de-camp de S. A. R. le comte d'Artois, et qui tenait son grade de la bonté des Princes.

Dans un moment où la curiosité publique cherche à rattacher le passé au présent, on se rappelle qu'il y a une quinzaine de jours, le frère de ce chef de bataillon, Arthur Trogoff, mit fin à son existence par un coup de pistolet, sans laisser aucun papier, aucun indice, qui fit pressentir les raisons qui l'avaient porté à cet acte de désespoir. La cause de ce suicide ayant constamment échappé aux recherches de ses parens et de ses amis, on croit avoir aujourd'hui soulevé le voile qui couvrait cette action désespérée, et l'on présume que cet officier, engagé dans une conspiration, à laquelle il ne crut pouvoir échapper par aucune porte honorable, se donna la mort pour se soustraire à l'infamie...

Et voilà les hommes qui voulaient renverser le trône et bouleverser la nation ; foulant aux pieds les sentimens les plus sacrés, rien ne les arrête dans leurs projets sacriléges, et les forfaits les plus noirs, la rébellion la plus affreuse, l'ingratitude la plus monstrueuse, germent dans leur âme, sans leur causer le plus léger moment d'émotion.

Voyons maintenant quels étaient les véritables projets de ces hommes qui prétendaient régénérer la patrie, et la faire soi-disant marcher sur les traces de Naples et de l'Espagne...

Arrachons les masques, et cherchons à découvrir la vérité toute nue, quelque hideuse qu'elle puisse être.

Le peu de détails qu'ont fourni les journaux sur les projets des moteurs de la conspiration, a donné lieu, dans la Capitale, aux bruits les plus absurdes ; nous n'en citerons quelques-uns que pour avoir le plaisir de les réfuter de la manière la plus victorieuse, et ne pas laisser se glisser dans l'esprit de nos lecteurs aucune de ces idées erronnées et prétendues libérales dont on abuse avec tant d'audace en plusieurs circonstances.

Un des plus grands fléaux qu'ait répandu sur la terre le règne qui vient de disparaître , c'est cette perversion des choses, ces fausses applications, ces sophismes spécieux , dont on a tant abusé et dont on abuse tant encore.... Tout n'est qu'erreur autour de nous, tous les documens qui nous sont restés sont pervertis... On croit caresser une innocente couleuvre , et l'on se fait blesser par un aspic..; on croit voir des roses , et ce ne sont que des épines masquées par des feuilles de rose... Tout s'est honoré d'un nom brillant : la conscription s'est appelée une noble et belle institution ; la guerre s'est appelée le bonheur ; le carnage, la gloire... Tous les sophismes ont été et sont encore mis en usage...

C'est en vertu de ces fausses applications que l'on a d'abord donné pour premier but aux conspirateurs de s'emparer du palais des Tuileries, et de contraindre notre Monarque à signer la constitution espagnole... Et c'est le poignard sous la gorge que vous prétendez forcer votre Souverain à faire le bonheur de ses enfans... Parce qu'il ne vous a pas comblés de faveurs dont vous êtes indignes, vous criez à la tyrannie, à l'arbitraire, et vous prétendez faire le bonheur de la France à votre manière... Eh mon Dieu ! nous serons bien tranquilles sans vous..., ne vous donnez pas tant de peine...

Un autre bruit, qui n'a pas plus de fondement que celui dont nous venons de faire mention, c'est l'intention que l'on prête aux séditieux d'avoir voulu proclamer le prince Eugène... sous un nom dont la France ne se souviendra que trop long-temps pour son malheur.

Insensés que vous êtes, ouvrez donc les yeux, et raisonnez... Croyez-vous qu'un prince qui servit sagement la patrie, à la tête des armées, un prince qui ne s'immisça jamais dans aucune intrigue politique, eût voulu d'un trône dont vous eussiez renversé les légitimes possesseurs, et que vous lui offririez la torche dans une main et le poignard dans l'autre ? Rappelez-vous la gloire et le caractère de ce prince dont vous osez prononcer le nom, et jugez si un héros comme lui peut avoir et aura jamais des relations avec des misérables de votre espèce.

Ces bruits, dénués de toute espèce de fondement, et que l'instruction du procès mettra en toute évidence, furent les plus accrédités des *on dit* qui circulèrent dans les salons et même au-delà des barrières de la Capitale. Mille autres bruits, aussi mensongers et aussi absurdes, escortèrent ces deux projets.... et s'évanouirent comme eux, sitôt que les journaux, en donnant quelques détails sur la sédition, firent connaître ce que l'on savait jusqu'alors des projets des conjurés et de l'exécution de leur infâme complot.

Le but de la conspiration ne fut plus alors un mystère pour personne, et l'auréole de liberté dont les conspirateurs avaient cherché à s'envelopper, laissa voir, en s'évanouissant, la hideuse vérité, et le but réel, les motifs et les suites terribles de leurs odieux projets furent connus des Parisiens, qui s'empressèrent de les repousser avec le sentiment d'une juste indignation.

J'ai dit que le bruit qui avait circulé dans la Capitale, que leur intention était de proclamer le prince Eugène, se trouvait démenti par les conjurés eux-mêmes. Leur véritable dessein consistait à mettre à la tête d'une nation grande, généreuse et fière, le fils d'un homme qui foula sans cesse aux pieds jusqu'au dernier des droits de la France ; d'un homme qui alla lui-même chercher dans les climats les plus éloignés, des ennemis qui ne songeaient point à nous attaquer, et les amena, pour ainsi dire par la main, jusqu'au centre de notre malheureuse patrie... Quelle garantie espéraient-ils donc trouver dans un enfant fils d'un despote, ces hommes qui proclamaient que leur but était de rétablir le trône de la liberté ?

Quelle constitution plus que cette Charte bienfaisante, ouvrage immortel d'un bon Roi, peut accorder de droits et de garantie aux Français ? Et eux-mêmes en demandent-ils davantage ?

Voulait-on rétablir cette licence effrenée qui, dans les jours de la terreur, osa, sous le nom sacré de liberté, violer les lois les plus saintes, et verser le sang le plus précieux ? Etait-ce à ces jours de deuil et de crime que l'on voulait nous ramener ? Ce n'était pas là le but des conspirateurs... La liberté dont ils prostituaient si souvent le nom dans leurs assemblées , n'était pour rien dans les complots qu'ils méditaient.

Et quand même ils eussent voulu la rétablir, cette liberté sanguinaire de notre révolution , croient-ils que la France , à qui trente ans de malheurs font désirer la paix et le repos, serait encore disposée pour faire usage d'un semblable présent ?

La France veut la liberté , mais non pas cette liberté absolue , illimitée , rêve des songes creux , chimère de l'âge d'or , et que la civilisation elle-même rend impraticable aux Français.

Rousseau , la seconde colonne de ces hommes qui rêvent une égalité chimérique , et une liberté qui ne peut exister que dans un Etat de 20 lieues de long sur 18 de large ; Rousseau , l'un des co-ryphées du parti libéral , n'a-t-il pas dit lui-même dans l'un de ses immortels ouvrages : « La liberté » est un aliment d'une saveur exquise, mais d'une » difficile digestion ; il faut des estomacs bien » forts et bien aguerris pour la supporter. » Et les malheurs terribles de la révolution , ces mal-heurs affreux dont le souvenir est encore si bien présent à la mémoire, et se perdra si diffici-lement , n'ont que trop prouvé que les Français étaient trop faibles pour pouvoir faire usage de cet aliment.

Leur plan était de s'assembler précipitamment, de se rendre aux casernes , de réunir les soldats, de leur faire accroire que la personne du Roi était menacée, et de les faire marcher , sous ce prétexte dérisoire et mensonger , contre le palais ; d'attirer , d'une manière ou d'autre , au loin , soit par le feu , soit par le tumulte , les troupes et les citoyens qui eussent pu défendre le trône qu'ils voulaient renverser ; de s'emparer du château des Tuileries de vive force ; d'en arracher l'auguste famille des Bourbons , et de proclamer le fils de l'usurpateur, souverain des Français.

Nous nous abstiendrons ici de toutes réflexions qui nous soient propres ; les faits parlent d'eux-mêmes , et nous les abandonnons à la juste indignation de tous nos lecteurs.

Cependant , comme on doit justice à tout le monde et même aux plus grands coupables , nous devons dire , et nous disons même avec plaisir , que le feu qui s'était allumé à Vincennes , paraît, d'après les renseignemens les plus exacts et les plus authentiques , un événement tout-à-fait indépendant de la conspiration , et que ce n'est que dans la confusion nécessairement occasionnée par la découverte du complot , que les journaux ont déclaré que l'incendie de Vincennes était un des princi-

paux moyens d'exécution sur lesquels les conspirateurs avaient compté.

Assez de crimes pèsent sur leur tête , et les
charger encore de celui d'incendiaire , qu'ils n'ont
pas prémédité , ressemblerait trop aux déclama-
tions outrées d'une faction , ce que nous voulons
éviter , puisque la vérité , l'amour du Prince et
celui de la patrie nous ont seuls mis la plume à
la main.

Tel était le fond du complot que l'on machi-
nait de longue main contre les Bourbons. Les
accessoires de ce plan répondaient à l'atrocité de
l'entreprise , et peignaient les conjurés sous leur
véritable point de vue , en mettant à découvert les
replis les plus secrets et la noirceur de leur âme.

*La tragédie devait commencer par un coup de
poignard...* est le seul mot que l'on ait pu tirer
jusqu'ici des conspirateurs... A qui ce coup de
poignard était-il destiné ? Nous l'ignorons encore ,
et nous attendons , comme toute la France , avec
l'impatience la plus vive , l'ouverture du tribunal auguste devant lequel les conspirateurs seront
appelés , pour savoir quelle tête précieuse est
échappée au glaive des assassins.

Outre ce commencement , qui suffirait seul pour
donner une juste idée des crimes que les scélérats
méditaient , et des malheurs dont ils menaçaient

la France, une liste de cinquante-deux personnes,
qu'on a saisie sur l'un des chefs au moment de son
arrestation, énumérait les personnes dont on devait *provisoirement* se débarrasser, d'abord pour
assurer l'exécution du complot, et ensuite pour
avoir la facilité de se mettre tout de suite à leur
place, et de là commander le massacre et l'incendie... Car, leur intention, en attendant l'arrivée
du nouveau tyran qu'ils prétendaient donner à la
France, était de se nommer en gouvernement
provisoire... Vous voyez ici le bout de l'oreille
qui commence à passer.

Ensuite on se proposait de joindre à ces victi-
mes, *seulement*, les colonels, officiers et sous-
officiers de la garde royale, que l'on connaissait
fidèles à leur devoir, et attachés par l'amour et la
reconnaissance, à l'auguste famille qui règne sur
notre belle patrie....

Tels étaient les affreux préludes d'un complot
tramé, soit-disant, par amour du bien public...
Le lecteur le plus inepte peut juger après cela,
et par approximation, des bienfaits et du bonheur
que les conspirateurs apprêtaient à la France....
C'était le doux régime de 93 qui allait renaître
avec ses échaffauds, ses proscriptions, et surtout
avec des hommes capables de décimer leur pays
en quelques mois...

Quand donc serons-nous enfin à l'abri des criminelles entreprises de ces hommes qui n'excitent
et ne souffrent les révolutions, que parce qu'ils
n'ont rien à y perdre, pas même l'honneur, et
qu'ils espèrent, à force de se vautrer dans la boue,
qu'ils pourront obtenir, de quelque grand dont
ils auront servi les passions et les crimes, des em-
plois, des dignités, que notre monarque leur re-
fuse, parce qu'il a pris pour règle constante et
invariable de conduite, de n'accorder des grades
qu'à ceux qui en sont dignes, et ont les moyens
de les remplir, et des dignités qu'aux hommes
qui les méritent. Quand ? Hélas ! l'expérience n'a
que trop prouvé que cet espoir est une chimère.

Ces hommes ont traversé tous les siècles, tous
les âges ; ils sont arrivés jusqu'à nous, et leur
race est inextinguible. Sous le meilleur des rois,
dont puisse se glorifier la France, ils ont suscité
des troubles sans cesse renaissans, et fini par assassiner le monarque.

Sous celui qui se rapproche le plus de celui
de Henri IV, ils lèvent sans cesse une tête séditieuse ; ils ont percé le sein d'un jeune prince,
l'espoir du trône et de la patrie.... et aujour-
d'hui même encore ils avaient aiguisés leurs poignards...

Un instant, misérables ! sachez, si vous l'ignorez; que depuis le premier Français jusqu'au dernier, tous veillent maintenant sur les jours des princes, et la sûreté de la nation.... Les yeux sont ouverts sur vous; une partie de vos complices est dans les fers, et nul de vos pas, nulle de vos démarches n'échapperont désormais à des enfans qui veillent avec inquiétude sur les jours de leur respectable père.

Revevons encore pour quelques instans à ce misérable complot, dont bientôt nous allons voir les moteurs atteints par les lois, et livrés au glaive de la justice.

Les nombreuses tentatives qui avaient été faites pour séduire un grand nombre d'officiers, qui s'étaient refusés, avec la plus vive indignation, à tout ce qui pourrait être contraire à leur devoir, n'avaient pu avoir lieu sans laisser percer quelques indices de la conspiration qui se tramait. Et comme cela arrive dans presque toutes les conspirations, quelques officiers feignirent d'entrer dans les vues des conspirateurs, pour connaître le complot tout entier, et sauver la patrie des nouveaux dangers que lui préparaient des traîtres...

Le premier qui donna quelques indices au Gouvernement, et le mit sur la voie des conjurés, fut un nommé Leclerc, ancien aide-de-camp d'un des plus fidèles sujets du Roi (du duc de Feltre), et maintenant officier dans la gendarmerie des chasses.

Les notions qu'il donna firent mettre à la piste des conspirateurs un grand nombre d'agens de police, qui furent remarqués avec inquiétude par le capitaine Pilote.

En conséquence, le 15 ou le 16 de ce mois, se trouvant au club de la rue Montmartre, Pilote tint à l'assemblée un discours très-éloquent, et qui fit, sur ses auditeurs, un effet remarquable ; il termina ce discours par annoncer à ses complices que le Gouvernement paraissant avoir saisi quelques fils du complot, il devenait urgent de presser l'exécution de leurs projets, s'ils ne voulaient pas les voir déjouer par l'active surveillance de la police.

Cette nouvelle, qui fit la plus grande sensation parmi les conjurés, les contraignit à fixer à la nuit du samedi 19 au dimanche 20 août, la révolte qu'ils méditaient ; et c'est à cette mesure hâtive que la France doit peut-être le bonheur d'avoir déjoué leurs complots, sans que le moindre accident en soit résulté.

Tout fut donc décidé pour la nuit du 19 au 20, et les conjurés passèrent la nuit du vendredi au samedi dans les plus vives inquiétudes, en voyant, pour ainsi dire , l'épée de Damoclès suspendue sur leurs coupables têtes.

Enfin, cette nuit si cruelle pour eux se passa. La journée du samedi, où rien ne parut transpirer de leur complot, les rassura ; et quand le soleil disparut de l'horizon, ils se crurent certains de la réussite.....

Ils ne se doutaient pas qu'un sergent-major du 2ᵉ de la garde, qui avait feint d'entrer dans leurs vues, et qu'ils avaient placé sous une active surveillance, dans la crainte d'en être trahi, s'exposerait à mille dangers , et braverait leurs poignards, pour arracher le prince et la patrie aux dangers dont ils étaient menacés. Ce brave, placé entre la mort et l'infamie, n'hésita pas un seul instant.... Et les conspirateurs dormaient tranquillement encore, que leurs noms, déjà connus de la police, étaient marqués du sceau de la réprobation, et que l'ordre de les arrêter était déjà donné aux autorités....

Ils dormaient, dis-je ; non, ils ne dormaient pas : le crime dort-il jamais?.... Ils rêvaient, tourmentés par une cruelle insomnie, au crime qu'ils se flattaient d'exécuter, et aux récompenses qu'ils espéraient obtenir à la faveur de ce crime...

Une fois maître de ce secret important, et au fait de la majeure partie de la conspiration, le

Gouvernement hésita sur ce qu'il avait à faire dans cette circonstance....

Attendrait-il que les conjurés réunis commençassent l'exécution de leur criminelle entreprise, afin de les saisir les armes à la main, ou bien préviendrait-il, par une prompte arrestation des coupables connus, les accidens qui sont nécessairement la suite d'un choc aussi terrible que celui qui se préparait ?

Une décision formelle entre ces deux partis était embarrassante à prendre.... Attendre l'attaque était le moyen de saisir à la fois le plus grand nombre des chefs, et même peut-être quelques-uns de ces hauts personnages qui soudoient les traîtres, et s'enveloppent des ombres les plus épaisses........ Mais si l'on attendait qu'ils fussent armés et réunis, le sang aurait coulé. ... Paris, réveillé par le bruit des armes, peut-être par l'incendie, eût été arraché à la paix dont il jouissait, et qui lui était si nécessaire... Le sang des citoyens eût peut-être été versé, sa tranquillité compromise... Tout autre motif dut s'effacer à ce tableau.... Le Gouvernement pensa que le Monarque, en cette circonstance, eût dit, avec cette bonté qui caractérise l'auguste famille des Bourbons : Il ne faut pas réveiller mes enfans. Et le Gouvernement se décida pour le dernier parti , qui devait couper sur-le-champ la racine du mal , sans porter dans Paris un trouble , un désordre dont les agitateurs n'eussent pas manqué de profiter.

En conséquence de cette résolution , qui fut prise avec rapidité , et exécutée en un clin d'œil , des ordonnances traversèrent la capitale avec promptitude , et les barrières de Paris furent fermées sur-le-champ.

Ce mouvement , quelque rapide qu'il fut , se trouva encore exécuté trop tard , puisque le capitaine Pilote , qui se tenait sur ses gardes avec la plus profonde méfiance , trouva le moyen de le prévenir. Instruit par ses affidés que le Gouvernement tenait les fils de la conspiration , et se préparait à le faire arrêter , il mit une partie de la caisse des conjurés dans sa poche , et arriva aux barrières avant les ordres du ministère , ce qui priva le Gouvernement du bonheur de tenir une des premières têtes du complot , et un de ceux dont les révélations à la barre du tribunal eussent jeté un si grand jour sur cette affaire.

On ne connaît pas encore d'autres officiers qui se soient , comme lui , soustraits au glaive de la loi ; tous ceux dont les noms étaient connus furent arrêtés.

Les uns furent pris par la gendarmerie , dans

leur propre domicile, avant même qu'ils eussent
le temps de se reconnaître, et manifestèrent la
plus grande consternation et le plus profond dé-
couragement.

D'autres furent arrêtés dans les casernes, également au milieu de la nuit, par leurs colonels,
et même par leurs propres soldats, qui témoi-
gnèrent la plus vive indignation lorsqu'ils appri-
rent les infâmes manœuvres auxquelles on avait
espéré les faire servir, sans leur rien révéler.

Dès le point du jour, M. Drouhault, colonel
du 2ᵉ régiment de la garde, rassembla à la hâte
les officiers et sous-officiers de son régiment, et
leur dit : Messieurs, il y a quatre traîtres parmi
vous... A ces mots, la pâleur et la confusion qui
parurent sur le visage des conspirateurs, eussent
seules suffi pour les faire reconnaître, quand
même le colonel n'eût pas eu déjà des renseignemens exacts et précis sur les hommes qui avaient
trahi leur uniforme. Après ces paroles, il les dé-
signa, et les coupables furent arrêtés par leurs
propres soldats, aux acclamations réitérées de
vive le Roi !

Le lieutenant-colonel Dentzel a été arrêté le 23
du même mois, comme impliqué dans la même
affaire.

De tous les officiers que l'on a mis sous le

glaive des lois, ceux qui sont les plus vivement soupçonnés ont été écroués à la maison d'arrêt militaire de l'Abbaye, et ceux sur la tête desquels il ne plane jusqu'alors que de légers soupçons, ont été simplement conduits à la Force, où ils attendront la fin de l'instruction que M. le Procureur du Roi a déjà commencée sur cette affaire.

Espérons qu'un grand nombre de ces officiers seront reconnus innocens ; moins la patrie compte de traîtres, plus elle doit se trouver heureuse ; et tout homme digne du beau nom de français doit, dans des circonstances aussi désastreuses pour la France, notre mère commune, désirer trouver vingt innocens pour un seul coupable. Il est si cruel pour un bon père de se voir forcé de sévir contre des enfans, quelque criminels qu'ils puissent être. Tel est l'espoir de notre auguste monarque, et chacun des membres de la grande famille doit imiter la bonté et la clémence de son prince.

Tels sont les renseignemens qui jusqu'ici ont transpiré relativement à cette nouvelle conspiration. Rapporter les milliers de bruits ridicules qui depuis dimanche circulent dans la Capitale, à ce sujet, n'entre pas dans le plan que je me suis tracé, et je n'en ferai pas mention.

Il en est un, un seul que son importance tire de la foule de ces conjectures hasardées, qui naissent et meurent dans l'espace d'une minute... Si l'on s'en rapportait à ce bruit, qui, nous nous plaisons à le croire, n'est qu'une grossière calomnie, un représentant de la nation, qui se trouve, par ses richesses et son active industrie, à la tête des commerçans français, aurait lui-même fourni pour solder les bras des coupables, des millions qu'il doit à la patrie et à la munificence éclairée du Prince.... Si cette inculpation acquérait par malheur de la consistance et de la réalité, quelles affligeantes réflexions les amis du Prince et des lois ne seraient ils pas en droit de faire...

Si les débats qui vont s'ouvrir justifiaient cette assertion, que pour l'honneur du nom français nous devons jusqu'alors considérer comme une insigne fausseté, que deviendra la majesté de la représentation nationale? que deviendra cette auréole de libéralisme, sous laquelle quelques hommes ont voilé leurs criminelles pensées, et le regret d'un temps où leurs bassesses étaient payées au poids de l'or? Mais éloignons ces tristes réflexions. Un bon Français doit voir le bien partout ou le mal n'est pas encore prouvé... Jouissons de cette illusion, si c'en est une, le plus long-temps qu'il nous sera possible, et désirons que la flambeau de la vérité n'offre pas à la France de nouveaux hommes à mépriser, et de nouveaux coupables à punir.

Les criminels sont sous le glaive de la loi, l'auguste tribunal que le Prince a convoqué, va s'ouvrir, la lumière jaillira sur cette affaire ténébreuse, la justice, sa balance à la main, présidera aux décisions... La France sera vengée, et peut-être qu'un nouvel exemple de la vigilance des mortels chargés de veiller sur les révolutionnaires, désarmera enfin leurs bras sacriléges...

La France veut la punition des coupables, elle a droit de l'exiger.... et elle l'obtiendra.... Le tribunal convoqué se compose de ce qu'il y a de plus grand de plus noble dans notre belle patrie... La nouvelle noblesse y balance l'ancienne, la justice la plus parfaite doit en conséquence y présider, et nulle cour peut-être n'offrirait au même degré, la juste balance, la sage modération qu'il est si important de conserver dans une circonstance qui, en remuant une fois encore les cendres mal refroidies où se cachent les dernières étincelles de l'esprit de faction, réveille les querelles, rallume les dissentions, et met quelquefois à la place de la justice et de l'impartialité, l'exagération et les préventions de parti : qui font si souvent envisager les objets sous un faux point de vue.

Voilà jusqu'à l'instruction du procès, les seuls détails que l'on ait pu recueillir, et que doive donner un homme qui ne veut compromettre personne par des bruits mensongers, ni accueillir ces propos absurdes que l'on a coutume de débiter dans la Capitale, à chaque événement remarquable que l'on y voit survenir... Il nous a semblé préférable d'en dire moins, que de risquer de calomnier un innocent, ou d'avilir des noms jusqu'alors respectables, que l'exagération du moment fait accuser sans la moindre preuve ; ces bruits peuvent passer de bouche en bouche, sous le titre *on dit,* mais la plume doit être plus circonspecte.

Verba-volant, scripta manent.

Et l'Écrivain qui se respecte soi-même, doit commencer par respecter les autres....Puisse ce principe être la règle de conduite de tous ceux de mes confrères qui prendront la plume en cette importante circonstance...

Nous terminerons cette courte notice, par rendre un hommage solemnel à l'armée, dont la fidélité et l'amour pour ses Rois légitimes a résisté dans cette circonstance, à la séduction des traîtres... Les conspirateurs eux-mêmes lui ont rendu la plus éclatante justice, en n'osant compter sur elle, qu'en voilant leurs desseins criminels des ombres les plus épaisses, et en lui faisant accroire que le but de leur marche était de défendre le Prince qu'on leur disait avoir besoin de leurs secours et de leurs bras...

*

Que la trahisson pâlisse en voyant le petit nombre de sectateurs que ses maximes criminelles ont faits, et que la France se réjouisse en voyant l'immense multitude des défenseurs qui se pressent autour du trône, au moindre mouvement que font les factions qui s'efforcent de l'ébranler encore. Tels sont, tels doivent être les sentimens et les pensées de tous les bons Français...

Depuis la composition hâtive de l'opuscule que l'on vient de lire, on a fait, avec douleur, la découverte que la légion de la Seine, en garnison à Cambrai, se trouvait impliquée dans la conspiration.

Quinze personnes, tant officiers que sous-officiers de cette légion, se trouvent violemment compromises. Quinze militaires gradés, sur vingt-quatre dont se compose la légion !... Quelles tristes réflexions ne doit pas faire naître une semblable découverte ! Ainsi donc cet affreux complot avait des ramifications dans les départemens mêmes où l'on porte le plus de respect et d'amour à la noble famille qui nous gouverne.

On cite, parmi ces officiers, le nommé Beaudon, ex-officier de la Garde, qui fit plusieurs voyages dans la Capitale, pour s'y concerter avec les séditieux qui se trouvaient à Paris à la tête de la conspiration.

Le nommé Lamothe, également capitaine.

Il parait que le mouvement correspondant à celui de la Capitale devait avoir lieu le dimanche 20, mais qu'il fut déjoué par le bon esprit de la légion, qui refusa de prendre part à la sédition projetée. Il ne resta plus alors aux traîtres que la ressource de fuir, et c'est ce qu'ils firent sur-le-champ en se dirigeant vers la Belgique.

Trois personnes seulement ont été arrêtées : un capitaine Parlet et deux autres sous-officiers. Ils sont dirigés vers Paris pour y être interrogés par M. le Procureur-général.

Une circulaire du Ministre de la police aux Préfets des départemens, enjoint d'arrêter le nommé Nantil, capitaine de la légion de la Meurthe, âgé de 30 ans, roux, et ayant deux doigts de moins à chaque main.

Après avoir cité avec regret le nom de plusieurs traîtres, qu'il nous soit permis d'offrir à la reconnaissance de la patrie ceux des sergens-majors Petit et Vidal (du 2e. d'infanterie), qui ont résisté aux menaces et à la séduction des traîtres, et ont révélé les propositions qui leur avaient été faites, à leur colonel ; nous y joindrons également le nom de Henri, caporal de voltigeurs dans le 5.ᵉ régiment d'infanterie, qui a donné la même preuve de fidélité. Et nos lecteurs, à qui nous sommes forcés de faire connaître des Français indignes de ce nom, apprendront au moins, pour les dédommager, la conduite estimable du plus grand nombre des officiers, que les menaces n'ont point tentés, que la séduction n'a point ébranlés, et qui n'ont répondu que quatre mots aux misérables qui voulaient les arracher de la ligne sacrée du devoir : *Vive le Roi ! vive la France !*

De nouveaux renseignemens devant nécessairement nous parvenir de jour en jour, et sur-tout lorsque les débats seront ouverts, nous annonçons à nos lecteurs que nous les recueillerons à mesure qu'ils nous arriveront, pour les leur communiquer dans une seconde brochure, en y ajoutant les réflexions qu'elles doivent naturellement faire naître.

· FIN.